AF555787

L 1 ... 1893

Vente Alphonse THOMAS

Les Mardi 21, Mercredi 22, Jeudi 23 et Vendredi 24 Mars 1893

A DEUX HEURES PRÉCISES

DANS UN LOCAL SITUÉ

129, RUE DE TURENNE, 129

MODÈLES

POUR

BRONZES D'ART ET D'AMEUBLEMENT

Avec droit de reproduction

PROVENANT

De la Maison Alphonse THOMAS

Fabricant de Bronzes, à Paris

PAR SUITE DE CESSATION DE FABRICATION

EXPOSITION PUBLIQUE

Les Dimanche 19 et Lundi 20 Mars 1893

DE 10 HEURES DU MATIN A 4 HEURES DU SOIR

Me Frédéric LECOCQ
COMMISSAIRE-PRISEUR
41, rue Richer, 41

M. A. BOUCHÉ
EXPERT
138, rue Amelot, 138

PARIS — 1893

IMPRIMERIE MAULDE ET RENOU

A. MAULDE & Cie

IMPRIMEURS DE LA COMPAGNIE DES COMMISSAIRES-PRISEURS

Rue de Rivoli, 144. — Paris

CATALOGUE

DES

MODÈLES

POUR

BRONZES D'ART ET D'AMEUBLEMENT

Avec droit de reproduction

Garnitures de cheminées, Cartels, Bras, Girandoles, Candélabres
Bouts-de-Tables, Flambeaux, Groupes
Figurines, Bustes, Cassolettes, Vases, Encriers, Chenets
Bougeoirs, Coupes, Divers

PROVENANT

De la Maison Alphonse THOMAS

FABRICANT DE BRONZES, A PARIS

PAR SUITE DE CESSATION DE FABRICATION

Dont la Vente aux enchères publiques aura lieu

DANS UN LOCAL SITUÉ

129, RUE DE TURENNE, 129

Les Mardi 21, Mercredi 22, Jeudi 23 et Vendredi 24 Mars 1893

A **DEUX** HEURES **PRÉCISES**

Par le ministère de Me **Frédéric LECOCQ**, Commissaire-Priseur,
rue Richer, 41

Assisté de **M. A. BOUCHÉ**, Expert, 138, rue Amelot

EXPOSITION PUBLIQUE

Les Dimanche 19 et Lundi 20 Mars 1893

DE 10 HEURES DU MATIN A 4 HEURES DU SOIR

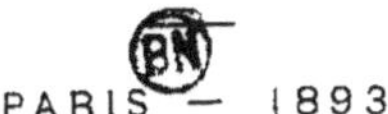

PARIS — 1893

D C 5412

CONDITIONS DE LA VENTE

Elle sera faite au comptant.

Les Acquéreurs paieront CINQ POUR CENT en sus du prix d'adjudication.

Ils seront tenus de prendre la **Fonte brute** existant pour chaque modèle, au prix de **2 fr. 50 le kilogramme**.

Le **Poids de fonte** sera indiqué au moment de la mise en vente de chaque modèle.

La **livraison** mettant les Acquéreurs à même de vérifier l'état des objets vendus, de même que les quantités ou poids énoncés, il ne sera admis aucune réclamation une fois la **livraison opérée**.

TABLE

A. Maulde et Cie, imprimeurs de la Compagnie des Commissaires-Priseurs, rue de Rivoli, 144. 500—31353

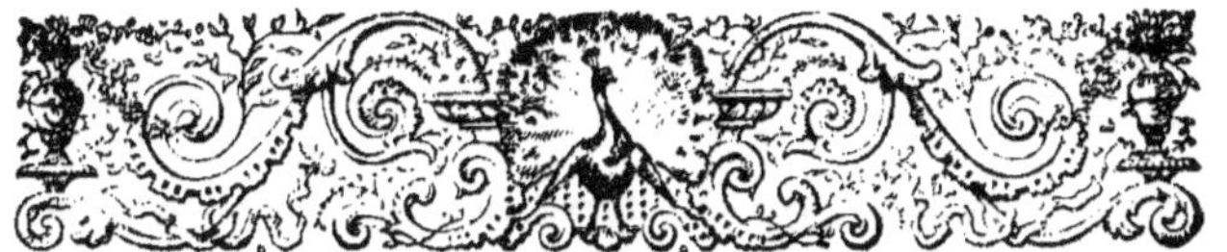

DÉSIGNATION

GARNITURES DE CHEMINÉES

1-2 { Pendule **Mercure,** style Renaissance.
Candélabre à 4 lumières d'accompagnement.

3-4 { Pendule, style **Renaissance,** à colonnettes.
Candélabre à 5 lumières d'accompagnement.

5-6 { Pendule **Ferronnerie,** style Renaissance.
Candélabre à 5 lumières d'accompagnement.

7-8 { Pendule, style **Renaissance,** à dôme.
Bout-de-Table d'accompagnement.

9-10 { Pendule, style Renaissance, **Architecture.**
Candélabre à 5 lumières d'accompagnement.

11-12 { Pendule **à Fruits,** style Renaissance.
Bout-de-Table d'accompagnement.

13-14 { Pendule, style **Renaissance,** à Tête de femme.
Bout-de-Table à 3 lumières d'accompagnement.

15-16 { Pendule, style **grec**, à masque.
Candélabre à 4 lumières d'accompagnement.

16 *bis* — Deux Bouts-de-Table, style **grec**, et Candélabre.

17-18 { Grande Pendule, style **Louis XIV**, à cariatides.
Candélabre à 7 lumières d'accompagnement.
19 Pendule et Candélabre, style **Louis XIV.**
19 *bis* Éléments pour Candélabre plus petit.

20-21 { Pendule **Jupiter,** style Louis XIV.
Vase de rechange.
Candélabre à 6 lumières d'accompagnement.

22-23 { Pendule, style **Louis XIV,** à quadrillages.
Candélabre à 5 lumières d'accompagnement.

24-25 { Pendule Chimère, style **Louis XIV**.
Candélabre à 5 lumières d'accompagnement.

26-27 { Pendule, style **Louis XIV**, à feuilles.
Candélabre à 5 lumières d'accompagnement.

28-29 { Pendule à consoles, style **Louis XIV.**
Bout-de-Table d'accompagnement.

30 — Pendule, style Louis XIV, **gros lion.**

Fondu sur ancien.

31 — Pendule, style Louis XIV, **petit lion.**

Fondu sur ancien.

32-33 { Pendule, style **Régence,** à vase. Haut. 0^m85.

Candélabre à 7 lumières d'accompagnement.

34-35 { Pendule, style **Régence,** à vase, réduction de la précédente. Haut. 0^m10.

Candélabre d'accompagnement.

36-37 { Pendule, style **Louis XV,** à guirlandes de fleurs. Haut. 0^m80.

Fondu sur ancien (augmentation).

Candélabre, style **Louis XV,** d'accompagnement.

38-39 { Pendule, style **Louis XV**, à guirlandes de fleurs. Haut. 0^m70.

Fondu sur ancien (augmentation).

Candélabre d'accompagnement (sans bouquet).

40-41 { Pendule, style **Louis XV**, à guirlandes de fleurs.

Fondu sur ancien.

Candélabre d'accompagnement (sans bouquet).

42 — Pendule, style **Louis XV**, à guirlandes de fleurs. Haut. 0^m46.

Fondu sur ancien (réduction).

43 — Pendule, style **Louis XV**, à guirlandes de fleurs.
Haut. 0m37.

Fondu sur ancien (réduction).

4 Pendule style **rocaille**. Haut. 0m56.
44 *bis* Socle par augmentation.
45 Pied pour Candélabre.

46 Pendule, style **rocaille**. Haut. 0m44.
46 *bis* Socle d'accompagnement.

47 Pendule, style **rocaille**. Haut. 0m37.
47 *bis* Socle d'accompagnement.

Pendule, style **Régence,** à vase.
Fondu sur ancien.
48-49 Candélabre d'accompagnement.
49 *bis* Pied pour deuxième Candélabre.

50-51 Pendule, style **Louis XV**, à grands rinceaux.
Fondu sur ancien.
Pied pour Candélabre d'accompagnement.

52-53 Pendule, style **Louis XV**, à palmes.
Candélabre d'accompagnement.

Pendule, style **Louis XV**, à bouquet de fleurs.
Fondu sur ancien.
54-55 Candélabre d'accompagnement.
55 *bis* Deuxième Candélabre d'accompagnement.

56-57 Pendule, style **Louis XV**, Enfant à lyre (enfant partagé avec le n° 58).
Fondu sur ancien.
Candélabre d'accompagnement.

58
58 *bis* Pendule, style **Louis XV**, Enfant (enfant partagé avec le n° 56).
Fondu sur ancien.
Pied pour Candélabre d'accompagnement.

59-60 Pendule, style **Louis XV**, Junon.
Fondu sur ancien.
Candélabre d'accompagnement.

61-62
62 *bis* Pendule, style **Louis XV**, socle à jour.
Fondu sur ancien.
Candélabre d'accompagnement.
Pied de Bout-de-Table d'accompagnement.

63-64 Pendule, style **Louis XV**, Enfant Bacchus.
Fondu sur ancien.
Candélabre d'accompagnement.

65
65 *bis* Pendule, style **Louis XV**, Enfant héraldique.
Fondu sur ancien.
Bouquet de couronnement.

66-67 Pendule, style **Louis XV**, Chasse et Pêche. Haut. $0^{m}68$.
Candélabre d'accompagnement.

68-69 Pendule, style **Louis XV**, Chasse et Pêche, réduction. Haut. 0m55.
Candélabre d'accompagnement.

70 — Pendule, style **Louis XV**, Éléphant.
Fondu sur ancien.

71-72 Pendule, style **Louis XV**, Pastorale.
Eléments pour Candélabre.

73-74 Pendule, style **Louis XV**, au Dragon.
Candélabre d'accompagnement.

75-76 Pendule, style **Louis XV**, Enfant à l'arc.
Fondu sur ancien.
Enfants pour Candélabres.

77-78 Pendule, style **Louis XV**, à coquilles.
Pied pour Candélabre.

78 *bis* 78 *ter* Pendule, style **Louis XV**, vase à fleurs.
Fondu sur ancien.
Candélabre d'accompagnement.

79 — Pendule, style **Louis XV**, Femme au soleil.
Fondu sur ancien.

80 — Pendule, style **Louis XV**, à dauphins.
Fondu sur ancien.

81 — Pendule, style **Louis XV,** à bouquet.
Fondu sur ancien.

82 — Pendule style **Louis XV,** à bouton.
Fondu sur ancien.

83 — Pendule style **Louis XV,** à cornemuse.

84-85 { Pendule, style **Louis XV**, à Têtes de bélier.
Candélabre d'accompagnement.

86
86 *bis* { Pendule, style **Louis XV,** à dauphins, Enfant à l'harpon.
Fondu sur ancien.
Cul-de-lampe d'accompagnement.

87 — Pendule, style **Louis XV**. à oreillons.

88 — Pendule, style **Louis XV**. à guirlandes.
Fondu sur ancien.

88 *bis* — Pendule, style **Louis XV,** Fleurettes.
Fondu sur ancien.

89 — Pendule, style **Louis XV,** la Terre et l'Eau.

90-91 { Pendule, style **Louis XV,** dite porte n° 1.
Fondu sur ancien.
Candélabre d'accompagnement.

92-93 { Pendule, style **Louis XV**, dite porte n° 2,
Candélabre d'accompagnement sans bouquet.

94 — Pendule, style **Louis XV**. la Chasse.

95 — Pendule, style **Louis XV,** Diane.

96 — Pendule, style **Louis XV**, Enfants musiciens.

97 — Pendule, style **Régence,** à vase.

98 — Pendule, style **Louis XVI**, le Génie des Arts.

99-100 { Pendule, style **Louis XVI**, Jour et Nuit.
Fondu sur ancien.
Pied de candélabre et Bouquet.

101-102 { Pendule, style **Louis XVI**, Têtes de lions, n° 1.
Candélabre d'accompagnement.

103-104 { Pendule, style **Louis XVI,** Têtes de lion, n° 2.
Candélabre d'accompagnement.

105-106 { Pendule, style **Louis XVI**, Têtes de lion, n° 3.
Candélabre d'accompagnement.

107-108 { Pendule, style **Louis XVI**, Têtes de lion, n° 4.
Fondu sur ancien.
Candélabre d'accompagnement.

109-110 { Pendule, style **Louis XVI**, Têtes de lion, n° 5.
Bout-de-Table d'accompagnement.

111-112 { Pendule, style **Louis XVI,** à grosses Guirlandes de lauriers.
Fondu sur ancien.
Candélabre d'accompagnement.

113-114 Pendule, style **Louis XVI,** Lauriers, vase à jour.
Fondu sur ancien.
Candélabre d'accompagnement.

115-116 Pendule, style **Louis XVI**, Faune et Faunesse.
Candélabre d'accompagnement.

117-118 Pendule, style **Louis XVI**, Abondance, n° 1.
Fondu sur ancien.
Pied pour candélabre d'accompagnement.

119-120 Pendule, style **Louis XVI**, Abondance, n° 2.
Fondu sur ancien.
Candélabre d'accompagnement.

121-122 Pendule, style **Louis XVI**, Abondance, n° 3.
Fondu sur ancien (réduction).
Bout-de-Table d'accompagnement.

123 — Pendule, style **Louis XVI,** Abondance, n° 4.
Fondu sur ancien (réduction).

124-125 Pendule, style **Louis XVI**, à Médaillons.
Candélabre d'accompagnement.

126-127 Pendule, style **Louis XVI**, Lauriers et Têtes de bélier.
Candélabre d'accompagnement.

128 — Trois Pendules, style **Louis XVI,** Lauriers, Têtes de bélier.

129 — Éléments pour Candélabres et Bout-de-Table.

130-131 { Pendule, style **Louis XVI,** console et colonne
Candélabre d'accompagnement.

132-133 { Pendule, style Louis **Louis XVI,** à draperies.
Fondu sur ancien.
Candélabre d'accompagnement.

134-135 { Pendule, style **Louis XVI,** à colonnes plates.
Candélabre d'accompagnement.

136-137 { Pendule, style **Louis XVI,** corne d'abondance.
Candélabre d'accompagnement.

138-139 { Pendule, style **Louis XVI,** à cariatides.
Candélabre d'accompagnement (incomplet).

140-141 { Pendule, style **Louis XVI,** à chute de lauriers et Enfant (partagé).
Candélabre d'accompagnement.

142-143
143 *bis* { Pendule, style **Louis XVI,** à chutes de fruits.
Fondu sur ancien.
Candélabre d'accompagnement.
Bout-de-Table d'accompagnement.

144 — Pendule, style **Louis XVI,** Têtes de Satyre.

145-146 Pendule, style **Louis XVI**, à fût de Colonne.
Candélabre d'accompagnement.

147-148 Pendule, style **Louis XVI,** à mascarons, n° 1.
Fondu sur ancien.
Pied pour Candélabre d'accompagnement.

149-150 Pendule, style **Louis XVI,** à mascarons, n° 2.
Fondu sur ancien.
Pied pour Bout-de-Table d'accompagnement.

151-152 Pendule, style **Louis XVI,** à guirlandes de roses.
Bout-de-Table d'accompagnement.

153-154 Pendule, style **Louis XVI,** à carquois.
Bout-de-Table d'accompagnement.

155-156 Pendule, style **Louis XVI,** cassolette, n° 1.
Pied de Candélabre d'accompagnement.

157-158 Pendule, style **Louis XVI,** cassolette, n° 2.
Bout-de-Table d'accompagnement.

159-160 Pendule, style **Louis XVI,** Duchesse.
Fondu sur ancien.
Bout-de-Table d'accompagnement.

161-162 Pendule, style **Louis XVI**, à colonnes unies.
Candélabre d'accompagnement.

163 — Pendule, style **Louis XVI**, Amour maternel.
Fondu sur ancien.

164-165
Pendule, style **Louis XVI**, forme carrée.
Fondu sur ancien.
Pied pour Bout-de-Table.

166 — Pendule, style **Louis XVI**, à bouton.
Fondu sur ancien.

167-168
Pendule, style **Louis XVI**, Enfant garde-à-vous.
Fondu sur ancien.
Pied et Enfants pour accompagnement.

169 — Pendule, style **Louis XVI**, Amour vainqueur.
Fondu sur ancien.

170-171
Pendule, style **Louis XVI**, Enfant au coq.
Fondu sur ancien.
Candélabre d'accompagnement.

172-173
Pendule, style **Louis XVI**, de Saint-Cloud, d'après Gouthières.
Candélabre d'accompagnement.

174-175
Pendule, style **Louis XVI**, Saint-Cloud.
Fondu sur ancien.
Candélabre d'accompagnement.

176-177
Pendule, style **Louis XVI**, Enfant studieux.
Fondu sur ancien.
Bout-de-Table, Enfants d'accompagnement.

178-179 Pendule, style **Louis XVI**.
Pied de Candélabre d'accompagnement.

180-181 Pendule, style **Louis XVI**, Rambouillet.
Candélabre d'accompagnement.

182-183 183 *bis* Pendule, style **Louis XVI**, Marie-Antoinette, Enfant partagé.
Fondu sur ancien.
Bout-de-Table, Enfant d'accompagnement.
Contre-Partie.

184-185 Pendule **Louis XVI**, à fronton, n° 1.
Bout-de-Table d'accompagnement.

186-187 Pendule, style **Louis XVI**, à fronton, n° 2.
Fondu sur ancien.
Bout-de-Table et Fronton.

188 — Pendule, style **Louis XVI**, Enfant au Tambourin.
Fondu sur ancien.

189-190 Pendule, style **Louis XVI**, Enfant cariatide.
Fondu sur ancien.
Candélabre d'accompagnement.

191 — Pendule, style **Louis XVI**, à lauriers.
Fondu sur ancien.

192 — Pendule, style **Louis XVI**, Enfant de François Flamand.

Fondu sur ancien.

193 — Pendule, style **Louis XVI**, Tourtereaux.

194 — Pendule, style **Louis XVI**, Tourtereaux.

Fondu sur ancien.

195-196 { Pendule, style **Louis XVI**, deux Enfants.
Deuxième Socle.

197 — Pendule, style **Louis XVI**, Palme.

Fondu sur ancien.

198 — Pendule, style **Louis XVI**, Vases avec Fruits.

Fondu sur ancien.

199 — Pendule, style **Louis XVI**, à colonnettes.

Fondu sur ancien.

200 — Pendule, style **Louis XVI**, Roses et Lierre.

Fondu sur ancien.

201 — Pendule, style **Louis XVI**, Enfant à la chèvre.

Fondu sur ancien.

202 — Pendule dite **Voltaire.**

Fondu sur ancien.

203 — Pendule, style **Louis XVI,** lyre.

Fondu sur ancien.

204 — Pendule, style **Louis XVI**, Corde et Perles.

Fondu sur ancien.

205 — Pendule mignonnette, style **Louis XVI,** Enfant au Tambour.

Fondu sur ancien.

206 — Pendule, style **Louis XVI**, double palmettes.

Fondu sur ancien.

207 — Pendule, style **Louis XVI,** à balustres.

Fondu sur ancien.

208 — Pendule, style **Louis XVI,** à Lauriers.

Fondu sur ancien.

209 — Pendule, style **Louis XVI**, à Glaces.

Fondu sur ancien.

210 — Pendule, style **Louis XVI**, à petites colonnettes pour marbre.

Fondu sur ancien.

211 — Pendule, style **Louis XVI**, Oiseau mort.

Fondu sur ancien.

212 — Pendule, style **Louis XVI,** à Vase.

213-214 { Pendule, style **Louis XVI**, Enfants musiciens.
Fondu sur ancien.
Candélabres Enfants d'accompagnement. }

215 — Pendule, style **Louis XVI,** à Fleurs.

216 — Pendule, style **Louis XVI,** Oiseaux et Têtes de chimère.

217 — Pendule, style **Louis XVI**, Femme assise.

218-219 { Pendule, style **Louis XVI,** à Corne de fleurs.
Bout-de-Table d'accompagnement.

210 — Pendule, style **Louis XVI,** à cariatides.

221 — Pendule, style **Louis XVI**, petite Corbeille.

222 — Pendule, style **Louis XVI,** Enfants dénicheurs.

223 — Pendule, style **Louis XVI**, Enfants Sommeil.

224 — Pendule, style **Louis XVI,** attributs Peinture et Musique.

225-226 { Pendule, style **Louis XVI**, Epis.
Eléments pour candélabre d'accompagnement.

227 — Pendule, style **Louis XVI,** les Roses.

228 — Pendule, style **Louis XVI,** à Rinceaux et Lauriers.

229-230 { Pendule, style **Louis XVI,** Enfants, les Saisons.
Candélabre, Enfants, Saisons d'accompagnement.

231 — Pendule, style **Louis XVI,** à Têtes de bélier (pour porcelaine).

232 — Pendule, style **Louis XVI**, cage carrée (pour porcelaine).

Fondu sur ancien.

233-234 { Pendule, style **Louis XVI,** à double rinceaux.
Candélabre d'accompagnement.

235 — Pendule, style **Louis XVI**, Enfant à la chèvre.

236 — Pendule, style **Louis XVI**, galerie à balustres.
Fondu sur ancien.

237 — Pendule, style **Louis XVI**. Vase anse mascaron aux serpents.
Fondu sur ancien.

238 — Pendule, style **Louis XVI**, Enfant Mars.

239-240 { Pendule, style **Louis XVI**, Chasse et Pêche.
Eléments pour candélabre.

241 — Pendule, style **Louis XVI**, Enfant au pipeau.

242 — Pendule, style **Louis XVI**, Enfants printemps.

243 — Pendule, style **Louis XVI**, Enfants au flambeau.

244 — Pendule, style **Louis XVI**, Enfants sculpteurs.

245 — Pendule **Vigne**.

246 — Pendule, **Femme à la marguerite**.

247 — Pendule deux **Femmes**.

248 — Pendule **Enfant chasseur**.

249 — Pendule **Femme à la lyre**.

250-251 { Pendule, trois **Enfants**, **Chèvre et Oiseaux**.
Pendule n° 2 (réduction de la précédente).

252-253 { Pendule, **Enfants, les Saisons.**
Pied de Candélabre d'accompagnement.

254-255 { Pendule à Tête de chimère.
Deux Pieds pour Candélabres.

CARTELS

256 — Cartel, style **Louis XIV,** Tête de femme.
Fondu sur ancien.

257 — Cartel, style **Louis XIV,** Tête de vieillard.
Fondu sur ancien.

258 — Cartel, style **Louis XIV**, dit Peau de lion.
Fondu sur ancien.

259 — Cartel, style **Louis XV,** Soleil.
Fondu sur ancien.

260 — Grand Cartel, style **Louis XV,** Fronton.
Fondu sur ancien.

261 — Cartel, style **Louis XV,** n° 1.
Fondu sur ancien.

262 — Cartel, style **Louis XV,** n° 2.
Fondu sur ancien.

263 — Cartel, style **Louis XV,** n° 3.
Fondu sur ancien.

264 — Cartel, style **Louis XV**, n° 4.
Fondu sur ancien.

265 — Cartel, style **Louis XV**, n° 5.
Fondu sur ancien.

266 — Cartel, style **Louis XV**, à Guirlandes.
Fondu sur ancien.

267 — Cartel, style **Louis XV**, Saint-Germain.
Fondu sur ancien.

268 — Cartel, style **Louis XV**, à Guirlandes de chêne.
Fondu sur ancien.

269 — Petit Cartel, style **Louis XV**, n° 6.
Fondu sur ancien.

270 — Petit Cartel, style **Louis XV**, n° 7.
Fondu sur ancien.

271 — Cartel, style **Louis XV**.
Fonte seulement sur ancien.

271 *bis* — Petit Cartel, style **Louis XV**, les Roses.
Fondu sur ancien.

272 — Cartel, style **Louis XVI**, à Tête de femme.
Fondu sur ancien.

273 — Cartel, style **Louis XVI**, à Rubans.

274 — Cartel, style **Louis XVI**, deux Têtes.
Fondu sur ancien.

275 — Cartel, style **Louis XVI,** à Lauriers.
Fondu sur ancien.

276 — Cartel, style **Louis XVI**.
Fondu sur ancien.

277 — Cartel, style **Louis XVI,** à Guirlandes de lauriers.
Fondu sur ancien.

278 — Cartel, style **Louis XVI**, dit à Feuilles.
Fondu sur ancien.

279 — Cartel, style **Louis XVI,** à Têtes de bélier.

BRAS

280 — Bras, style **Louis XIV,** à Gaine.
Fondu sur ancien.

281 — Bras, style **Louis XV**, riche, à 3 lumières.
Fondu sur ancien.

282 / 282 *bis* — Bras, style **Louis XV,** à 2 lumières.
Fondu sur ancien.
Appliques plus riches.

283 — Bras, style **Louis XV**, à rubans, à 2 lumières.
Fondu sur ancien.

284 — Bras, style **rocaille,** à 5 lumières.
Fondu sur ancien.

285 — Bras, style **Louis XV**, pour 2, 3 et 5 lumières.
Fondu sur ancien.

286 — Bras, style **Louis XV**, à fleurs d'hortensia, à 4 lumières.
Fondu sur ancien.

287 — Bras, style **Louis XV**, à 2 lumières.
Fondu sur ancien.

288 — Bras, style **Louis XV**, à 2 lumières.
Fondu sur ancien.

289-290 { Bras, style **rocaille**, à 3 et 5 lumières.
Fondu sur ancien.
Augmentation des précédents pour 10 lumières.

291 — Bras, style **rocaille,** à 3 lumières.
Fondu sur ancien.

292 — Bras, style **Louis XV**, à Fleurs.

293 — Bras, style **Louis XV**, à 3 lumières.
Fondu sur ancien.

294 — Bras, style **Louis XV**, à Tête de sanglier.
Fondu sur ancien.

295 — Bras, style **Louis XVI**, riche, à Têtes de bélier.
Fondu sur ancien.

296 — Bras, style **Louis XVI**, Oiseaux.
Fondu sur ancien.

297 — Bras, style **Louis XVI**, Lyre.
Fondu sur ancien.

298 — Bras, style **Louis XIV**, Chêne.
Fondu sur ancien.

299 — Bras, style **Louis XVI**, à 5 lumières.

300 — Bras, style **Louis XVI**, à Vase, 3 lumières.
Fondu sur ancien.

301 — Bras, style **Louis XVI**, à Têtes de bélier, à 2 et 3 lumières.
Fondu sur ancien.

302 — Bras, style **Louis XVI**, à Perles.
Fondu sur ancien.

303 — Petit Bras, style **Louis XVI**, à Guirlandes de lauriers, 2 lumières.
Fondu sur ancien.

304 — Bras, style **Louis XVI**, à Feuilles de chêne.
Fondu sur ancien.

305 — Bras, style **Louis XVI**, Carquois, 2 et 3 lumières.
Fondu sur ancien.

306 — Bras, style **Louis XVI**, à 3 lumières.
Fondu sur ancien.

307 — Bras, style **Louis XVI**, à Raies de cœur.
Fondu sur ancien.

GIRANDOLES

308 — Grande Girandole, style **Louis XV**, à 5 lumières.
Fondu sur ancien.

309 — Girandole, style **Louis XV**, à Coquilles, 3 lumières.

310 — Girandole, style **Louis XV,** à 5 lumières.

311 — Girandole, style **Louis XV**, gravé, à 4 lumières.

312 — Girandole, style **Louis XV,** à 4 lumières.

313 — Girandole, style **Louis XV**, à Bouquet et 3 lumières.
Fondu sur ancien.

314 — Flambeau pour même bouquet.
Fondu sur ancien.

315 — Petite Girandole, style **Louis XV**, à 3 lumières.
Fondu sur ancien.

316 — Girandole, style **Louis XV**, à 4 lumières.
Fondu sur ancien.

317 — Girandole, style **Régence**, à 4 lumières.

318 — Girandole, style **Louis XVI,** à Vase.
Fondu sur ancien.

319 — Girandole, style **Louis XVI**, à Bouquet.
Fondu sur ancien.

320 — Girandole, style **Louis XVI**, riche à 3 lumières.

CANDÉLABRES

321-322-323-324
Candélabre, stye **Louis XV**, tige à jour, n° 1.
Candélabre, n° 2.
Candélabre, n° 3.
Candélabre, n° 4.

325-326
Candélabre, style **rocaille**, n° 1.
Candélabre, **rocaille**, n° 2.

327 — Candélabre, style **Louis XV**, bas.
Fondu sur ancien.

328 — Candélabre, style **Louis XV**, Pied carré.

329 — Candélabre, style **Louis XV**, à 4 lumières.

330 — Candélabre, style **Louis XV**, bas, à 6 lumières.
Fondu sur ancien.

331 — Candélabre, style **Louis XV**, Enfants et Fleurs.

332 — Candélabre Enfants flûteurs.

333 — Candélabre, style **Louis XV,** à Pied rond.

334 — Éléments, style **Louis XV,** pour grand Candélabre.

335 — Éléments pour Candélabre, style **Louis XV**.

336 — Candélabre, Enfants, **Vendange** et **Moisson**.

337 — Candélabre, plus petits, même modèle.

338 — Deux **Enfants** pour Candélabres.

339 — Deux **Enfants**, plus petits, pour Candélabres.

340 — Deux **Enfants** pour Candélabres.
Fondu sur ancien.

341 — Deux **Enfants assis** pour Candélabres.

342 — Deux **Enfants** pour Candélabres.

343 — Quatre **Pieds** divers pour Candélabres.

BOUTS-DE-TABLE

344 — Deux Bouts-de-Table **unis**.

345 — Bout-de-Table, style **Louis XV,** à 3 lumières.

346 — Bout-de-Table, style **Louis XV**, plus petit.

347 — Bout-de-Table, style **Louis XV,** à jour.

348 — Éléments pour Candélabre, style **Louis XV**.

349 — Bout-de-Table, style **Louis XV,** à Bouquet, à 2 lumières.

Fondu sur ancien.

350 — Bout-de-Table, style **Louis XV,** à jour, 2 lumières.

351 — Bout-de-Table, style **Louis XV,** bas, à 2 lumières.

Fondu sur ancien.

352 — Bout-de-Table, style **rocaille,** petit.

353 — Bout-de-Table, style **Louis XV,** bas, à Palmettes.

Fondu sur ancien.

354 — Bout-de-Table, style **Louis XV,** à Baguettes.

Fondu sur ancien.

355 — Bout-de-Table, style **Régence.**

Fondu sur ancien.

356 — Bout-de-Table, style **Louis XV,** et Flambeau à disposition pour marqueterie.

357 — Bout-de-Table, style **Louis XV**, Pied à coquilles.

358-359 { Bout-de-Table, style **Louis XV.**
Musée du Louvre.
Fondu sur ancien.
Bout-de-Table, le même, contre-partie.

360 — Bout-de-Table, style **Louis XV**, Enfant Été.
Fondu sur ancien.

361 — Bout-de-Table, style **Louis XV**, avec écran.
Fondu sur ancien.

362 — Bout de-Table, style **Louis XV**.
Fondu sur ancien.

363 — Bout-de-Table, style **Louis XVI**, à Draperie.
Fondu sur ancien.

364 — Bout-de-Table, style **Louis XVI**, Faune, de Clodion.
Fondu sur ancien.

365 — Bout-de-Table, style **Louis XVI**.

366 — Petit Candélabre, même style.

367 — Bout-de-Table, style **Louis XVI**, à Perles et Raie de cœur.

368 — Bout-de-Table, style **Louis XVI**, à petites Guirlandes.

369 — Bout-de-Table, style **Louis XVI**, Enfant tulipe.
Fondu sur ancien.

369 *bis* — Enfant, contre-partie.
Fondu sur ancien.

370 — Bout-de-Table, style **Louis XVI**, à Têtes de Chérubin.

371 — Bout-de-Table, style **Louis XVI,** à Têtes de bélier.

372 / 372 *bis* — Bout-de-Table, style **Louis XVI,** Enfant debout.
Enfant, contre-partie.

373 / 373 *bis* — Bout-de-Table, style **Louis XVI,** Enfant coureur.
Fondu sur ancien.
Enfant, contre-partie.

374 — Bout-de-Table, style **Louis XVI**, Enfant assis.
Fondu sur ancien.

375 — Bout-de-Table, style **Louis XVI,** à Cornets.
Fondu sur ancien.

376 — Bout-de-Table, **Enfant,** de Clodion.
Fondu sur ancien.

377 — Bout-de-Table, **Enfants à genoux**.
Fondu sur ancien.

378 — Bout-de-Table, style **Louis XVI**.

379 — Bout-de-Table, style **Louis XVI,** à Colonne.

379 *bis* — Bout-de-Table, style **Louis XVI** (éléments).

380 — Bout-de-Table, style **Louis XVI,** Marie-Antoinette.

FLAMBEAUX

381 Flambeau, style **Louis XIII**.
Fondu sur ancien.

381 *bis* Flambeau, style **Louis XIII,** plus petit.

382 — Flambeau, style **Louis XIII,** uni.

383 — Flambeau, style **Louis XIV,** gravé.

384 — Flambeau, style **Louis XIV,** gravé, plus petit.
Fondu sur ancien

385 — Flambeau, style **Louis XIV,** bobèche à feuilles.
Fondu sur ancien.

386 — Flambeau, style **Louis XIV,** à Oves.
Fondu sur ancien.

387 — Flambeau, style **Louis XIV,** à trois Consoles.
Fondu sur ancien.

388 — Flambeau, style **Louis XIV**, à Fleurons.
Fondu sur ancien.

389 — Flambeau, **grand modèle**, à Fleurs de lys.
Fondu sur ancien.

390 — Flambeau, style **Louis XIV**, riche, à Pans coupés.
Fondu sur ancien.

391 — Flambeau, style **Louis XIV**, à petits Écussons.
Fondu sur ancien.

392 — Flambeau, style **Louis XIV**, à Pans coupés et Médaillons.
Fondu sur ancien.

393 — Flambeau, style **Louis XIV**, à Médaillons, pied rond.
Fondu sur ancien.

394 — Flambeau, style **Louis XIV**, à Rubans.
Fondu sur ancien.

395 — Flambeau, style **Louis XV**, bas.
Fondu sur ancien.

396 — Flambeau, style **Louis XV**, bas, riche.
Fondu sur ancien.

397 — Flambeau, style **Louis XIV**, Dauphin.

398 — Flambeau, style **Louis XV**, à Gorges.
Fondu sur ancien.

399-400 { Fambeau, style **Louis XV**, gravé, les Roses, n° 1.
Flambeau, style **Louis XV**, gravé, les Roses, n° 2.

401 — Flambeau, style **Louis XV**, gravé.
Fondu sur ancien.

402 — Grand Flambeau, style **Régence**.
Fondu sur ancien.

403 — Flambeau moyen, style **Régence**.
Fondu sur ancien.

404 — Flambeau, style **Régence**, petit.
Fondu sur ancien.

405 — Flambeau, style **Louis XV**, à Baguettes.
Fondu sur ancien.

406 — Flambeau, style **Louis XV**, à Consoles.
Fondu sur ancien.

407 — Flambeau, style **Louis XV**, à petites Coquilles.
Fondu sur ancien.

408 — Flambeau, style **Régence**, trois Enfants.
Fondu sur ancien.

409-410-411
Flambeau, style **Louis XV**, Papillons, n° 1.
Flambeau, style **Louis XV**, Papillons, n° 2.
Flambeau, style **Louis XV**, Papillons, n° 3.

412 — Grand Flambeau, style **Louis XV**, Mousse.
Fondu sur ancien.

413 — Grand Flambeau, style **Louis XV**, de Versailles.
Fondu sur ancien.

414 — Grand Flambeau, style **Louis XV**, à Coquilles.
Fondu sur ancien.

415 — Flambeau moyen, style **Louis XV**, à Coquilles.
Fondu sur ancien.

416 — Flambeau, style **Louis XV**, à Palmettes.
Fondu sur ancien.

417 — Grand Flambeau, style **rocaille**.

418 — Flambeau, style **Louis XVI**, à Colonne, pied carré.
Fondu sur ancien.

419 — Flambeau, style **Louis XVI**, à Colonne.
Fondu sur ancien.

420 — Flambeau, style **Louis XVI**, à Colonne, pied rond.
Fondu sur ancien.

421 — Flambeau, style **Louis XVI**, à Colonne, bobêche riche.
Fondu sur ancien.

422 — Flambeau, style **Louis XVI**, Colonne à bourrelet.

423 — Flambeau, style **Louis XVI**, à Colonne, bobèche à trois Têtes de lion.
Foudu sur ancien.

424 — Flambeau, style **Louis XVI**, à Colonne et Roses.
Fondu sur ancien.

425 — Flambeau, style **Louis XVI**, bas.
Fondu sur ancien.

426 — Flambeau, style **Louis XVI**, à Raies de cœur.

427 — Flambeau, style **Louis XVI**, à Perles.

428 — Flambeau, style **Louis XVI**, Palmier.
Fondu sur ancien.

429 — Flambeau, style **Louis XVI**, à Graines et Corde.
Fondu sur ancien.

430 — Grand Flambeau, style **Louis XVI**, à Guirlandes (pour bois ou marbre).

431 — Flambeau, style **Louis XVI**, Raies de cœurs et Tigettes.
Fondu sur ancien.

432 — Flambeau, style **Louis XVI**, à trois enfants.

433-434 { Flambeau, style **Louis XVI**, à Consoles.
Flambeau, style **Louis XVI**, la Nuit.
Fondu sur ancien.

435 — Flambeau, style **Louis XVI**, Pied carré à chapiteau.
Fondu sur ancien.

436 — Flambeau, style **Louis XVI**, à Rosaces.
Fondu sur ancien.

437 — Flambeau, style **Louis XVI**, à Perles et Guirlandes.
Fondu sur ancien.

438 — Flambeau, style **Louis XVI**, Pied à gros lauriers.
Fondu sur ancien.

439 — Flambeau, style **Louis XVI**, Feuille à graine.

440 } Flambeau, style **Louis XVI**, Femme-Cariatide.
440 *bis* } Femme, contre-partie.

441 — Flambeau, style **Louis XVI**, à Canaux torses.
Fondu sur ancien.

442 — Flambeau-Cassolette, style **Louis XVI**,.

443 — Flambeau, style **Louis XVI**, à Cœurs.
Fondu sur ancien.

444 — Flambeau, style **Louis XVI**, à Bourrelet.

445 — Flambeau, style **Louis XVI**, à Balustre.

446 — Grand Flambeau, style **Louis XVI**, à Tigettes riches.
Fondu sur ancien.

447 — Flambeau, style **Louis XVI**, grands Canaux droits.
Fondu sur ancien.

448 — Grand Flambeau, style **Louis XVI**.
Fondu sur ancien.

449 — Grand Flambeau, style **Louis XVI**, à Perles et Godrons.
Fondu sur ancien.

450 — Grand Flambeau, style **Louis XVI**, à Rubans.
Fondu sur ancien.

451 — Flambeau, style **Louis XVI**, à Palmettes.
Fondu sur ancien.

452 — Grand Flambeau, style **Louis XVI**, Canaux droits.

Fondu sur ancien.

453 — Flambeau, style **Louis XVI**, à Têtes de Satyre.

Fondu sur ancien.

454 — Grand Flambeau, style **Louis XVI**, riche, n° 1.

Fondu sur ancien.

455 — Le même, plus petit.

456 — Flambeau, style **Louis XVI**, à Course de perles.

Fondu sur ancien.

457 — Grand Flambeau, style **Louis XVI**, à trois Tetes de femme, pied à Canaux.

Fondu sur ancien.

458 — Flambeau, style **Louis XVI**, à trois Têtes de femme (moyen).

Fondu sur ancien.

459 — Flambeau, style **Louis XVI**, à trois Têtes de femme, pied simple.

Fondu sur ancien.

460 — Flambeau, style **Louis XVI**, Marie-Antoinette (à perles pour bois ou marbre).

Fondu sur ancien.

461 — Flambeau **Enfant à genoux**.

Fondu sur ancien.

461 *bis* — Enfant, contre partie.

462 — Grand Flambeau, style **Louis XVI**, riche, à Raie de cœurs et Balustre.

Fondu sur ancien.

463 — Flambeau, style **Louis XVI**, Rubans à glands.

Fondu sur ancien.

GROUPES, FIGURINES ET BUSTES

464 — Groupe : **Le Baiser**, style **Louis XV**.

Fondu sur ancien.

465 — Contre-partie du précédent.

Fondu sur ancien.

466 — **Enfant à l'oiseau mort**.

Attribué à PIGALLE.

467 — Enfant, **Le Silence,** de FALCONET.

468 — Groupe : Deux **Enfants**, Sommeil.

Fondu sur ancien.

469 — Buste : **Jean qui pleure.**

Fondu sur ancien.

470 — Buste : **Jean qui rit**.

Fondu sur ancien.

471 — Groupe : Deux **Enfants à la chèvre**.

Fondu sur ancien.

472 — Six **Enfants** divers.
Fondu sur ancien.

473 — Sept **Enfants** assis.
Fondu sur ancien.

474 — Trois **Enfants**, Printemps, Été, Automne.

475 — Deux **Enfants**, Printemps et Été.
Fonte seulement.

476 — Deux **Enfants**, Fleurs et Raisins.
Fondu sur ancien.

477 — Deux **Enfants**, style Empire.
Fonte seulement.

478 — Quatre **Enfants** assis.

479 — Deux **Enfants** assis portant des cornets.

480 — **Enfants** divers.

CASSOLETTES, VASES, ENCRIER

481-482 Cassolette, style **Louis XVI**, à Têtes de bélier.
Fondu sur ancien.
Bouquet de tulipes d'accompagnement.

483 — Cassolette, style **Louis XVI**, à Têtes de femme.
Fondu sur ancien.

484 — Vase, style **Louis XVI**, à Tête d'Automne.
Fondu sur ancien.

485 — Vase, style **Louis XVI,** Enfant aux raisins.

486 — Encrier, style **Louis XV**, à deux Godets.
Fondu sur ancien.

487 — Groupe : **Oiseau de proie.**

CHENETS, BOUGEOIRS, COUPES

488 — Chenets, style **Louis XV,** Enfants.
Fondu sur ancien.

489 — Chenets, style **Louis XV**, Enfants et Galerie.

490 — Chenets, style **Louis XVI**, à Draperie.
Fondu sur ancien.

491 — Chenets, style **Louis XVI**, à Guirlandes.
Fondu sur ancien.

492 — Bougeoir, style **Louis XV.**
Fondu sur ancien.

493 — Bougeoir : **Les Roses.**

494 — Bougeoirs **divers.**

495 — Coupes, **divers styles.**

ÉLÉMENTS DIVERS

496 — Deux Cages de pendule, style **Louis XVI**.
Fondu sur ancien.

497 — Pendule, style **Louis XVI**, incomplète.

498 — Pendule, style **Louis XVI**, à Tambour.

499 — Deux Pieds pour Candélabres.

500 — Un lot Socles pour pendules, style **Louis XV** et style **Louis XVI**.

501 — Attributs d'astronomie.

502 — Deux Cages, style **Louis XVI**.
Fondu sur ancien.
Fonte seulement.

503 — Deux **Pieds de Candélabres** et Éléments divers.

504 — **Socle** pour Pendule.

505 — Bout-de-Table, style **Louis XVI**, forme carrée.

506 — Grands Brandons, style **Louis XV**.

507 — Éléments pour Lustre, style **Louis XVI**.

508 — Grande Pendule marqueterie, style **Louis XIV**.
Fondu sur ancien.
Fonte seulement.

509 — Éléments pour grand Lustre, style **Louis XVI**.

510 — Bas-Reliefs Enfants et Bas-Reliefs Ornements, style **Louis XVI**.

511 — Candélabre, style **Louis XV**, incomplet.

512 — Branches et Lumières, style **Louis XV**.

513 — Deux **Pendules mignonnettes** et Éléments divers.

514 — Enfants-Cariatides et Éléments, style **Louis XVI**.

515 — Branches et Guirlandes.

516 — Lustre, style **Louis XVI**, incomplet.

517 — Grandes Lumières, style **Louis XVI**, et divers Éléments.

518 — Tête de Lion et Branches, style **Louis XVI**.

519 — Deux Collerettes et deux Pieds, style **Louis XV**.
Fondu sur ancien.

520 — Trois Pieds, style **Louis XV**.
Fondu sur ancien.

521 — Eléments, style **Louis XVI**, et divers.

522 — Lumières, style **Louis XV**, et divers.
Fondu sur ancien.

523 — Appliques à jour, style **Louis XVI**.

524 — Eléments divers.

525 — Branches et Feuilles, style **Louis XVI**.

526 — Guirlandes et Têtes de bélier, style **Louis XVI.**

527 — Deux Pendules mignonnettes et Eléments **Louis XVI.**

528 — **Coq** et Eléments divers.

529 — Eléments, style **Louis XVI** et divers.

530 — Eléments pour Lustre, style **Louis XVI.**

531 — Grand Lustre, style **Louis XV,** incomplet.

532 — Deux Bras, style **Louis XV,** incomplets.

533 — Pieds, style **Louis XV** et Eléments même style.

534 — Pieds, style **Louis XV** et divers.

535 — Pendule mignonnette et éléments, style **Louis XV.**

536 — Elément pour Bout-de-Table, style **Louis XV.**

537 — Oiseaux, Coq, et Attributs divers.

538 — Eléments pour Lustre, style **Louis XV.**

539 — Console et Eléments, style **Louis XVI.**

540 — Branches, Bassins, Frontons, style **Louis XV.**
Fondu sur ancien.

541 — Cornes d'abondance, Feuillages et Guirlandes, style **Louis XVI.**

542 — Enfants divers.

543 — Eléments pour lustre.

544 — Petit Cartel, style **Louis XV.**

545 — Eléments de styles divers.

546 — Cassolette à jour, style **Louis XVI.**

547 — **Christ en Croix**.

Fondu sur ancien.

Fonte seulement.

548 — Eléments divers.

549 — Pièces **unies** tournées.

550 — Eléments divers.

551 — Buste : **Femmes aux roses.**

552 — Éléments divers.

553 — Sous ce numéro seront comprises les pièces non portées au présent catalogue.

AVIS

Le Local est à louer

www.ingramcontent.com/pod-product-compliance
Lightning Source LLC
LaVergne TN
LVHW010107230826
846091LV00005B/2132

9782329504100